Das Krippen-Jahreszeitenbuch

Rasselspiele und Glöckchenlieder

Bildnachweis

Freepik.com
S. 4, 64, 67, 69, 76, 77: Sapann-Design | S. 50, 53, 55: Sketchepedia

GettyImages.de
S. 1: dvoriankin | S. 5: Layland Masuda | S. 9: mrpluck | S. 17: Wieland Teixeira | S. 31: NaluPhoto | S. 35: Andrea Kamal | S. 46: Halfpoint Images | S. 64: Vera Livchak | S. 68: hannurama | S. 72: Photography by Rayleighjpg | S. 79: Dovapi

Impressum

ISBN: 978-3-96046-251-4

Das Krippen-Jahreszeitenbuch
Rasselspiele und Glöckchenlieder

Redaktion	Myriam Bork
Autorinnen	Kathrin Eimler, Eva Fernandes Correia, Marion Bischoff, Verena Hafner
Umschlagillustration	Anke Dammann
Gestaltung und Satz	DOPPELPUNKT, Stuttgart
Druck	Grafik Media Produktionsmanagement, Köln

Klett Kita GmbH
Rotebühlstr. 77
70178 Stuttgart
www.klett-kita.de

Inhalt

Frühling

Sommer

Herbst

Winter

Liebe Leser:innen,

egal ob Tag und Nacht, unser Herzschlag und unsere Atmung oder die vier Jahreszeiten – Rhythmus prägt unser tägliches Leben, unseren Körper und die Natur. Und auch Musik ist ohne Rhythmus nicht möglich.

Gerade in den ersten Lebensjahren haben Kinder viel Freude an rhythmischen Spielen und Reimen, die einen wichtigen Beitrag zur Sprachvermittlung leisten. Und was ist schöner als Töne aus Rasseln, Glöckchen und Schellenkranz zu locken und zudem zu entdecken, dass auch der eigene Körper zum Musikmachen hervorragend geeignet ist?

Begeben Sie sich mit diesem Buch auf eine rasselnde und klingende Rhythmus-Reise durch die Jahreszeiten: Begleiten Sie im Frühling gemeinsam mit den Kindern die hungrige Raupe auf der Suche nach grünen Blättern oder krabbeln Sie im Sommer mit dem kleinen Käferlein über Stock und Stein. Im Herbst klappern die Nüsse und im Winter machen Sie einen Schneeflockentanz!

Wir wünschen Ihnen und Ihren Kindern viel Freude!

Ihr Jahreszeitenbuch-Team

Frühling

Die liebe Frühlingssonne

Spiellied

Alter: ab 1,5 Jahren
Dauer: 5 Minuten

Material
1 Korb mit Rasseleiern

Die liebe Frühlingssonne,
die wacht am Morgen auf.
Sie reckt sich und sie streckt sich,
sie reckt sich und sie streckt sich,
sie reckt sich und sie streckt sich
und steht dann leise auf.

Die liebe Frühlingssonne,
die macht die Welt nun hell.
Sie schickt uns Sonnenstrahlen,
sie schickt uns Sonnenstrahlen,
sie schickt uns Sonnenstrahlen
und alles wird ganz hell.

Die Sonnenstrahlen leuchten
und alle sind jetzt froh.
Die Kinder spielen fröhlich,
die Kinder spielen fröhlich,
die Kinder spielen fröhlich
und lachen laut dazu.

Am Abend wird es dunkel,
die Sonne schläft nun ein.
Die Welt wird nun ganz leise,
die Welt wird nun ganz leise,
die Welt wird nun ganz leise
und alle schlafen ein.

Melodie: Der Kuckuck und der Esel

Und so geht's:
Setzen Sie sich gemeinsam mit den Kindern in einen Kreis. Ein Kind setzt sich als Sonnenkind mit dem Korb in die Kreismitte. In der ersten Strophe steht es auf und streckt sich. Während der zweiten Strophe verteilt es die Rasseleier an die anderen Kinder. Diese rasseln die Eier in der dritten Strophe, während sich das Sonnenkind dreht. In der vierten Strophe spielen die Kinder immer leiser, bis sie am Ende die Rasseleier stillhalten.

Idee: Kathrin Eimler

Die kleine Schnecke hat Hunger

Klanggedicht

Alter: ab 1,5 Jahren
Dauer: 5 Minuten

Material
1 Schellenkranz

**Die kleine Schnecke kommt heraus
aus ihrem kleinen Schneckenhaus.**
Den Schellenkranz leise spielen.

**Sie dreht den Kopf nun hin und her,
passt gut auf, es passiert noch mehr!**
Den Schellenkranz etwas lauter spielen.

**Ihr Magen knurrt und seht mal an,
die Schnecke fängt zu rennen an.**
Den Schellenkranz laut spielen.

**Sie hat Hunger und kriecht ins Gras,
hält dort an und frisst nun was.**
Den Schellenkranz leise spielen.

**Jetzt kriecht sie langsam, voll ist ihr Bauch.
Sie gleitet zur Pfütze – Durst hat sie auch.**
Den Schellenkranz langsam spielen.

**Sie trinkt langsam, Schluck für Schluck,
und läuft dann zur Wiese zurück.**
Den Schellenkranz leise, dann schnell spielen.

**Hier frisst sie Gräser und manches Blatt,
rund wird ihr Bauch und sie ist satt.**
Den Schellenkranz schnell spielen.

**Sie zieht sich zurück in ihr Schneckenhaus,
schläft langsam ein und ruht sich aus.**
*Den Schellenkranz leise spielen und
am Ende stillhalten.*

Idee: Kathrin Eimler

Der Frühling ist gekommen

Spiellied

Alter: ab 1,5 Jahren
Dauer: 5 Minuten

Material
Rasseln, Glöckchen, Schellenkränze

Der Frühling ist gekommen, ich freu mich sehr.
Die kleinen Bienen fliegen nun hin und her.
Die kleinen Bienen fliegen rum
mit viel Gesumm und viel Gebrumm.
Der Frühling ist gekommen, ich freu mich sehr.

Der Frühling ist gekommen, ich freu mich sehr.
Die kleinen Käfer krabbeln nun hin und her.
Die kleinen Käfer krabbeln rum
mit vielen Schritten und Gebrumm.
Der Frühling ist gekommen, ich freu mich sehr.

Der Frühling ist gekommen, ich freu mich sehr.
Die kleinen Vögel fliegen nun hin und her.
Die kleinen Vögel fliegen rum,
sie fliegen fröhlich rundherum.
Der Frühling ist gekommen, ich freu mich sehr.

Melodie: Ein Männlein steht im Walde

Und so geht's:
Begleiten Sie das Lied mit den Instrumenten: Die Bienen mit den Rasseln, die Käfer mit den Glöckchen und die Vögel mit dem Schellenkranz. Falls Sie nicht für jedes Kind ein Instrument haben, können einige Kinder auch die Tiere imitieren, während die anderen Kinder die Instrumente spielen.

Idee: Kathrin Eimler

Die hungrige Raupe

Spielgeschichte

Alter: ab 2 Jahren
Dauer: 10 Minuten

Material

1 Glöckchen (für jedes Kind), Schellenkränze, Reifen, bunte Chiffontücher

Die Sonne geht auf und die kleine Raupe wird wach. Ihr Magen knurrt, sie ist hungrig. Die kleine Raupe krabbelt los und findet ein saftiges, grünes Blatt.
Die Kinder legen sich auf den Boden, „erwachen" langsam und bewegen sich zu einem der Reifen hin.

Sie frisst und frisst und schmatzt dabei.
Die Schellenkränze spielen.

Das war aber lecker. Doch satt ist die kleine Raupe noch nicht! Sie krabbelt weiter und sucht sich ein neues Blatt.
Die Kinder bewegen sich zu einem anderen Reifen hin.

Sie frisst und frisst und schmatzt dabei.
Die Schellenkränze spielen.

Das war aber lecker. Doch satt ist die kleine Raupe noch nicht! Sie krabbelt weiter und sucht sich ein neues Blatt.
Die Kinder bewegen sich zu einem anderen Reifen hin.

Sie frisst und frisst und schmatzt ganz laut.
Die Schellenkränze spielen.

Das war aber lecker. Jetzt ist die kleine Raupe satt! Sie legt sich hin und schläft tief und fest.
Die Kinder legen sich hin und stellen sich schlafend. Legen Sie nun ein Glöckchen neben jedes Kind.

Als die Raupe aufwacht, ist sie keine Raupe mehr, sondern ein wunderschöner Schmetterling. Der Schmetterling breitet seine Flügel aus und fliegt fröhlich durch die Luft.
Die Kinder nehmen die Glöckchen und flattern als Schmetterlinge durch den Raum.

Später wird der Schmetterling müde. Er fliegt zu einer Blume und ruht sich aus.
Die Kinder fliegen zum Blumenreifen und legen sich hin.

Und so geht's:
Verteilen Sie die Reifen im Raum – diese symbolisieren die Blätter. Legen Sie dann die Schellenkränze hinein. Platzieren Sie einen Reifen mit bunten Tüchern als Blume in der Mitte des Raums. Lesen Sie dann den Text und spielen Sie die Geschichte mit den Kindern nach.

Idee: Kathrin Eimler

Ostereiersuche

Mitmachgedicht

Alter: ab 1,5 Jahren
Dauer: 5 Minuten

Material
Rasseleier

Es war einmal ein Osterhase
Die Hände als Hasenohren an den Kopf legen.
mit einer sehr hübschen Nase.
Mit dem Zeigefinger an die Nase tippen.

Er versteckte – 1, 2, 3 –
Mit dem Rasselei rasseln.
hier ein Ei und dort ein Ei.
Links und rechts, oben und unten rasseln.

Der kleine Hase hüpft nun fort,
hin an einen and'ren Ort.
Mit den Händen im Takt auf die Schenkel patschen.

Die Kinder kommen angerannt
Abwechselnd schnell auf die Schenkel patschen.
mit dem Körbchen in der Hand.
Die Hände zu einem Körbchen formen.

Und sie suchen – 1, 2, 3 –
Mit dem Rasselei rasseln.
hier ein Ei und dort ein Ei.
Links und rechts, oben und unten rasseln.

Sie sammeln alle Eier ein,
Schnell rasseln.
Eiersuchen ist so fein!
Langsam rasseln.

Idee: Kathrin Eimler

Der Schmetterling

Spiel

Alter: ab 1,5 Jahren
Dauer: 5 Minuten

Material
1 Glockenkranz

Seht einmal, der Schmetterling,
so ein buntes, fröhliches Ding.
Ein Kind geht mit dem Glockenkranz durch den Kreis.

Fliegt über die Wiese, ganz lustig umher,
denn das mag der Schmetterling sehr.
Das Kind klingelt mit dem Glockenkranz,
während es umhergeht.

Der Schmetterling fliegt von einer Blume zur and'ren,
wo möchte der Schmetterling denn jetzt landen?
Das Kind geht herum und sucht sich ein Kind aus,
bei dem der Schmetterling landen soll.

Zu (Name) setzt er sich hin,
der liebe, kleine Schmetterling.
Das Kind gibt dem ausgewählten Kind den Glockenkranz.
Dieses darf nun als Schmetterling durch den Kreis gehen.

Idee: Kathrin Eimler

All die bunten Ostereier

Alter: ab 1,5 Jahren
Dauer: 5 Minuten

Rassellied

Material
verschiedenfarbige Rasseleier

Wer hat die bunten Ostereier geseh'n?
Zeigt sie uns, sie sind so schön!

Refrain
Rasseln hier, rasseln da,
die Ostereier sind wunderbar! (2x)

Und so geht's:
Jedes Kind bekommt ein Rasselei. Die farblich genannten Eier werden in der jeweiligen Strophe hochgehalten und geschüttelt. Während des Refrains rasseln alle mit. Haben Sie andersfarbige Rasseleier? Formulieren Sie die Strophen einfach entsprechend um!

Wer hat die roten Ostereier geseh'n?
Zeigt sie uns, sie sind so schön!

Wer hat die blauen Ostereier geseh'n?
Zeigt sie uns, sie sind so schön!

Wer hat die gelben Ostereier geseh'n?
Zeigt sie uns, sie sind so schön!

Wer hat die pinken Ostereier geseh'n?
Zeigt sie uns, sie sind so schön!

Wer hat die grünen Ostereier geseh'n?
Zeigt sie uns, sie sind so schön!

Melodie:
Wer will fleißige Handwerker seh'n?

Idee: Kathrin Eimler

Singende Vögel

Spiellied

Material
1 Glöckchen
(für jedes Kind)

Alter: ab 2 Jahren
Dauer: 5 Minuten

Ich bin ein kleiner Vogel
und fliege hin und her.
Ich singe auch so gerne,
das fällt mir gar nicht schwer.
Singen möcht ich dort und hier,
komm doch mit und sing mit mir!
Singen möcht ich dort und hier,
komm und sing mit mir!

Wir sind zwei kleine Vögel
und fliegen hin und her.
Wir singen auch so gerne,
das fällt uns gar nicht schwer.
Singen möcht ich dort und hier,
komm doch mit und sing mit mir!
Singen möcht ich dort und hier,
komm und sing mit mir!

Wir sind vier kleine Vögel
und fliegen hin und her.
Wir singen auch so gerne,
das fällt uns gar nicht schwer.
Singen möcht ich dort und hier,
komm doch mit und sing mit mir!
Singen möcht ich dort und hier,
komm und sing mit mir!

Melodie: Ich bin ein kleiner Tanzbär

Und so geht's:
Jedes Kind bekommt ein Glöckchen. Ein Kind geht als Vögelchen im Kreis umher und spielt dabei das Glöckchen. Dann fordert es ein anderes Kind auf, mit ihm zu singen. Nun gehen beide Kinder als singende Vögel herum, spielen ihr Glöckchen und fordern weitere Kinder auf, bis sich alle Kinder in Vögel verwandelt haben.

Idee: Kathrin Eimler

Der Frühlingsbach

Rasselgedicht

Alter: ab 1,5 Jahren
Dauer: 5 Minuten

Material
1 Rassel
(für jedes Kind)

Seht einmal das Bächlein dort,
das Wasser fließt von Ort zu Ort.
Die Rassel schütteln.

Mal fließt das Wasser leise
auf seiner Wasserreise.
Die Rassel leise schütteln.

Dort plätschert das Wasser
über den großen Stein,
das ist laut, das muss wohl so sein!
Die Rassel laut schütteln.

Nun fließt das Wasser ruhig vor sich hin,
im Bächlein schwimmen Fische drin.
Die Rassel leise schütteln.

Das Bächlein fließt in Kurven hin und her,
das mögen die Fischlein sehr.
Die Rassel locker schütteln.

Das Bächlein plätschert auf und ab,
das hält die Fischlein gut auf Trab.
Die Rassel locker schütteln.

Jetzt fließt das Bächlein im Frühlingswald,
hier fließt es schnell, es ist noch kalt.
Die Rassel schnell schütteln.

Das Wasser mündet in einem See,
am Uferrand, da wächst schon Klee.
Die Rassel schütteln.

Im See fließt das Wasser nun nicht mehr,
es genießt die Ruhe des Waldes sehr.
Die Rassel stillhalten.

Idee: Kathrin Eimler

Ein Blumentag

Lied

Alter: ab 1,5 Jahren
Dauer: 5 Minuten

Material
1 Schellenkranz
(für jedes Kind)

1

Kleine Blume, kleine Blume,
Mit dem Schellenkranz auf dem Boden sitzen.
du wachst auf, du wachst auf.
Aufstehen und den Schellenkranz langsam bewegen.
Du reckst deine Blätter,
du reckst deine Blätter
Die Arme zur Seite ausstrecken und den Schellenkranz sacht schütteln.
ganz weit aus, ganz weit aus.
Den Schellenkranz sanft schütteln.

2

Kleine Blume, kleine Blume,
du wiegst dich im Wind,
du wiegst dich im Wind.
Den Schellenkranz sanft schütteln.
Deine Blätter schwingen,
deine Blätter schwingen
Den Schellenkranz stärker schütteln.
hin und her, hin und her.
Den Schellenkranz hin- und herbewegen.

3

Kleine Blume, kleine Blume,
der Abend kommt, der Abend kommt.
Den Schellenkranz sanfter schütteln.
Du schläfst langsam ein,
du schläfst langsam ein,
Hinsetzen und den Schellenkranz sacht spielen.
du wirst still, du wirst still.
Hinlegen und zur Ruhe kommen.

Melodie: Bruder Jakob

Idee: Kathrin Eimler

Die Pusteblume

Rasselspiel

Alter: ab 1,5 Jahren
Dauer: 5 Minuten

Material
1 Rassel (für jedes Kind),
1 Trommel

Die Pusteblume wächst auf der Wiese. Sie hat ihren Kopf in die Höhe gestreckt. Die Pusteblume weiß ganz genau: „Heute werden meine Schirmchen losfliegen." Und siehe da: Ein leichter Wind kommt auf.
Sanft über die Trommel reiben.

Die Pusteblumenschirmchen fangen langsam an, sich hin und her zu bewegen.
Die Rasseln leicht schütteln.

Der Wind weht stärker.
Stärker über die Trommel reiben.

Die ersten Schirmchen lösen sich von der Pusteblume und fliegen sanft in die Höhe. Ganz langsam wehen sie im Wind umher.
Die Rasseln leicht schütteln.

Der Wind wird noch stärker.
Mit den Fingerspitzen über die Trommel reiben.

Die Schirmchen fliegen lustig rundherum.
Die Rasseln fröhlich schütteln.

Die Schirmchen tanzen auf und ab und hin und her. Hui, welch ein Spaß!
Die Rasseln in verschiedenen Richtungen schütteln.

Nun wird der Wind wieder schwächer.
Sanfter über die Trommel reiben.

Die Schirmchen schweben ruhig durch die Luft.
Die Rasseln langsam schütteln.

Ganz sanft schaukeln sie im Wind.
Die Rasseln leicht schütteln.

Nun hört der Wind auf zu wehen.
Die Trommel bleibt still.

Die Schirmchen landen auf der Erde. Sie sind ganz still. Ob aus ihnen hier ein neuer Löwenzahn wächst?
Die Rasseln auf den Boden legen.

Und so geht's:
Jedes Kind bekommt eine Rassel. Lesen Sie den Text vor. Alle Kinder dürfen mitspielen und als Löwenzahnsamen im Kreis umherfliegen. Spielen Sie die Trommel und unterstreichen Sie so akustisch, wie schnell die Löwenzahnsamen fliegen und wann sie auf den Boden sinken.

Idee: Kathrin Eimler

Der Käfer Klingeling

Spielgeschichte

Alter: ab 2 Jahren
Dauer: 10 Minuten

Material
1 Glöckchen (für jedes Kind), 1 Matte, 2 Reifen

Der Käfer Klingeling wohnt auf einer Wiese. Er hat ein Glöckchen, das oft fröhlich klingelt.
Die Kinder sitzen auf der Matte und klingeln mit den Glöckchen.

Wenn der Käfer vor Freude tanzt, klingelt sein Glöckchen hell.
Alle stehen auf, tanzen und spielen locker die Glöckchen.

Manchmal ist der Käfer traurig. Dann hört man nur ein leises Klingeln.
Alle schauen traurig und klingeln leise.

An einem schönen Frühlingstag krabbelt der Käfer über die Wiese. Er sieht ein saftiges Blatt. Schon klingelt das Glöckchen fröhlich.
Alle krabbeln zum ersten Reifen, die Glöckchen erklingen fröhlich.

Auf einmal hört der Käfer Musik. Da ist ein Fest! Er krabbelt zum Fest und tanzt, bis ihm schwindelig wird. Sein Glöckchen klingt hell über die Wiese.
Alle krabbeln zum zweiten Reifen, die Glöckchen erklingen fröhlich.

Bald ist das Fest vorbei. Da wird der Käfer traurig. Sein Glöckchen ist kaum zu hören.
Die Glöckchen erklingen leise.

Der Käfer krabbelt langsam nach Hause.
Alle krabbeln zur Matte zurück.

Dort wartet sein Freund Käfer Klong. Die Käfer lachen miteinander. Die Glöckchen sind laut im Garten zu hören.
Die Glöckchen erklingen laut.

Käfer Klong muss nach Hause. Erst hört man sein Klingeln laut, dann wird es immer leiser.
Die Glöckchen erst laut, dann leiser spielen.

Käfer Klingeling denkt über den schönen Tag nach. Sein Glöckchen klingelt fröhlich.
Die Glöckchen erklingen fröhlich.

Nun wird Käfer Klingeling müde. Er legt sich hin und schläft ein. Und wenn man ganz genau hinhört, hört man sein Glöckchen noch leise klingeln.
Die Glöckchen erklingen leise.

Und so geht's:
Legen Sie die Matte und die beiden Reifen im Raum aus. Lesen Sie die Geschichte vor und lassen Sie die Kinder mitspielen.

Idee: Kathrin Eimler

Das große Ameisenfest

Spiellied

Alter: ab 2 Jahren
Dauer: 5 Minuten

Material
1 Rassel (für jedes Kind)

Die Ameise läuft im Wald umher,
im Wald umher, im Wald umher.
Die Ameise läuft im Wald umher,
im Wald umher.

Sie sucht sich einen Ameisenfreund,
Ameisenfreund, Ameisenfreund.
Sie sucht sich einen Ameisenfreund,
Ameisenfreund.

Die Ameisen laufen im Wald umher,
im Wald umher, im Wald umher.
Die Ameisen laufen im Wald umher,
im Wald umher.

Sie suchen sich einen Ameisenfreund,
Ameisenfreund, Ameisenfreund.
Sie suchen sich einen Ameisenfreund,
Ameisenfreund.

Die Ameisen laufen zum Ameisenbau,
zum Ameisenbau, zum Ameisenbau.
Die Ameisen laufen zum Ameisenbau,
zum Ameisenbau.

Die Ameisen feiern ein großes Fest,
ein großes Fest, ein großes Fest.
Die Ameisen feiern ein großes Fest,
ein großes Fest.

Die Ameisen schlafen nun tief und fest,
tief und fest, tief und fest.
Die Ameisen schlafen nun tief und fest,
tief und fest.

Melodie: Die Räder vom Bus

Und so geht's:
Die Kinder sitzen auf dem Boden, jedes Kind bekommt eine Rassel. Ein Kind geht als erste Ameise im Raum umher und sucht sich ein Kind, das mit ihm geht. Die Ameisenkinder spielen die Rasseln, die sitzenden Kinder halten die Rasseln still. Die Ameisenkinder fordern die nächsten Kinder auf, bis sich alle Kinder in Ameisen verwandelt haben. Nun sammeln sich die Kinder und tanzen und rasseln gemeinsam. Während der letzten Strophe setzen sich die Kinder hin und halten die Rasseln still.

Idee: Kathrin Eimler

Die Igel wachen auf

Klangsäckchen

Material
3 Glöckchen,
1 kleines Stoffsäckchen

Alter: ab 1,5 Jahren
Dauer: 5 Minuten

Die Igel schlafen im Winter tief und fest
unter Laub und Stöcken,
wie in einem Nest.
Die Hände aneinander und an die Wange legen, Schnarchgeräusche machen.

Doch im Frühling wachen die Igel auf
und strecken die Näschen
aus ihrem Versteck heraus.
Das Säckchen leicht schütteln.

Hier könnt ihr den ersten Igel sehen.
Er schüttelt sich wach,
wohin wird er wohl gehen?
Das erste Glöckchen aus dem Säckchen holen und erklingen lassen.

Hier könnt ihr den zweiten Igel sehen.
Er schüttelt sich wach,
wohin wird er wohl gehen?
Das zweite Glöckchen aus dem Säckchen holen und erklingen lassen.

Hier könnt ihr den dritten Igel sehen.
Er schüttelt sich wach,
wohin wird er wohl gehen?
Das dritte Glöckchen aus dem Säckchen holen und erklingen lassen.

Die drei Igel gehen in den Wald,
sie suchen sich etwas zu fressen.
Da sagen wir: „Tschüss, bis bald!"
Die Glöckchen erklingen lassen und hinter dem Rücken verstecken. Den Igeln winken.

Und so geht's:
Packen Sie die Glöckchen in ein kleines Stoffsäckchen. Die Glöckchen symbolisieren die Igel. Erzählen Sie den Kindern die Geschichte und begleiten Sie den Text mit den entsprechenden Handlungen.

Idee: Kathrin Eimler

Frau Amsel und ihre Vogelküken

Spielgeschichte

Alter: ab 2,5 Jahren
Dauer: 10 Minuten

Material
1 Trommel, 4 Rasseleier, 4 Chiffontücher

Die Sonne scheint warm. Frau Amsel sitzt auf ihren Eiern und brütet. Auf einmal hört sie ein Knacken. Das erste Küken schlüpft.
1x auf die Trommel schlagen. Nehmen Sie das Tuch von einem Kind. Dieses steht auf.

Sie hört ein weiteres Knacken … und noch eines und noch eines.
Für jedes Knacken die Trommel spielen. Nehmen Sie nacheinander die Tücher von den anderen Kindern. Diese stehen auf.

Eins, zwei, drei, vier. Vier Küken sind aus den Eiern geschlüpft.
Tippen Sie bei jeder Zahl einem Kind auf den Rücken.

Und so geht's:
Vier Kinder verwandeln sich in kleine Vogelküken und sitzen in der Mitte des Kreises. Jedes der vier Kinder bekommt ein Rasselei und wird mit einem Chiffontuch zugedeckt. Ein fünftes Kind oder Sie selbst übernehmen die Rolle von Frau Amsel.

Hungrig reißen sie ihre Schnäbel auf und piepsen laut.
Die Rasseln erklingen laut.

Frau Amsel fliegt nun eifrig hin und her und füttert die Küken.
Um die Küken herumgehen, das Füttern imitieren.

Die Küken zwitschern mal lauter und mal leiser.
Die Rasseln erklingen lauter und leiser.

Nach zwei Wochen sind sie groß und stark. Die Küken zwitschern fröhlich.
Die Rasseln erklingen fröhlich.

Nun verlassen sie das Nest. Sie breiten ihre Flügel aus und fliegen zwitschernd los. Die Vögelchen fliegen im Kreis. Überall hört man ihr Gezwitscher.
Die Kinder gehen im Kreis umher. Die Rasseln erklingen fröhlich.

Dann landen die Vögelchen auf einem Baum und machen Pause. Sie sind jetzt ganz still.
Die Kinder setzen sich.

Idee: Kathrin Eimler

Die kleine Hummelsummel

Spiellied

Material
1 Rassel

Alter: ab 1,5 Jahren
Dauer: 5 Minuten

Es fliegt ne kleine Hummelsummel in unser'm Kreis herum, fidibum,
Es fliegt ne kleine Hummelsummel in unser'm Kreis herum.
Sie summt mal hier und summt mal da,
sie summt so gern, das ist doch klar!
Es fliegt ne kleine Hummelsummel in unser'm Kreis herum.

Es fliegt ne kleine Hummelsummel in unser'm Kreis herum, fidibum,
Es fliegt ne kleine Hummelsummel in unser'm Kreis herum.
Sie summt mal laut und summt mal leis
und fliegt dabei herum im Kreis.
Es fliegt ne kleine Hummelsummel in unser'm Kreis herum.

Es fliegt ne kleine Hummelsummel in unser'm Kreis herum, fidibum,
Es fliegt ne kleine Hummelsummel in unser'm Kreis herum.
Sie summt mal hier und summt mal dort,
sie summt und fliegt dann wieder fort.
Es fliegt ne kleine Hummelsummel in unser'm Kreis herum.

Melodie: Es tanzt ein Bi-Ba-Butzemann

Und so geht's:
Ein Kind verwandelt sich in eine kleine Hummel. Es bekommt eine Rassel, mit der es das Summen der Hummel darstellt. Während des Liedes geht das Kind im Kreis herum und schüttelt die Rassel. Am Ende des Liedes wird die Rassel an ein anderes Kind weitergereicht. Dieses darf nun die nächste Hummel spielen.

Idee: Kathrin Eimler

Sommer

Käferlein, Käferlein

Rasselgedicht

Alter: ab 1,5 Jahren
Dauer: 5 Minuten

Material
1 Rassel (für jedes Kind)

Käferlein, Käferlein,
krabbelst so langsam über den Stein.
Krabbelst hin und krabbelst her,
langsam krabbeln ist nicht schwer.

Mit der Rassel langsam über den eigenen Arm streichen.

Käferlein, Käferlein,
krabbelst so schnell über den Stein.
Krabbelst hin und krabbelst her,
ganz schnell krabbeln ist nicht schwer.

Mit der Rassel schnell über den eigenen Arm streichen.

Käferlein, Käferlein,
krabbelst so leise über den Stein.
Krabbelst hin und krabbelst her,
leise krabbeln ist nicht schwer.

Mit der Rassel leise über den eigenen Arm streichen.

Käferlein, Käferlein,
krabbelst so laut über den Stein.
Krabbelst hin und krabbelst her,
ganz laut krabbeln ist nicht schwer.

Mit der Rassel laut über den eigenen Arm streichen.

Und so geht's:
Jedes Kind erhält eine Rassel. Sprechen Sie das Gedicht und führen Sie gemeinsam mit den Kindern die Handlungen aus. Die Rassel kann als Käferlein auch über den Arm hüpfen statt krabbeln.

Idee: Eva Fernandes Correia

Sommerliche Blumenwiese

Klanggeschichte

Alter: ab 2 Jahren
Dauer: 5 Minuten

Material
1 Triangel, 1 Glöckchen, 1 Rassel

Heute machen wir einen Spaziergang durch eine wunderschöne Blumenwiese.
Die Triangel 1x schlagen.

Wir können die bunte Blumenwiese vor uns sehen, wo viele verschiedene Pflanzen blühen.
Das Glöckchen mehrmals einzeln läuten.

Zuerst laufen wir durch hohes, grünes Gras. Hier sind kleine Grashüpfer unterwegs. Sie hüpfen von Grashalm zu Grashalm.
Die Triangel 2x anschlagen.

Dann kommen wir zu den roten Mohnblumen und wir sehen viele Schmetterlinge, die um die Mohnblumen fliegen. Manchmal setzen sie sich auf ein rotes Mohnblatt und machen eine kleine Pause.
Das Glöckchen mehrmals läuten.

Als Nächstes finden wir blaue Kornblumen. Hier sammeln die Bienen Nektar und es summt um uns herum. Die Bienen fliegen von Blume zu Blume und dann zurück in ihr Bienennest.
Mit der Rassel rasseln.

Zum Schluss können wir noch große, gelbe Sonnenblumen entdecken. Manche sind sogar größer als wir! Ab und zu landet ein kleiner Vogel auf einer Sonnenblume und pickt sich einen Kern heraus.
Die Triangel mehrmals einzeln anschlagen.

Jetzt laufen wir durch das grüne Gras wieder zurück und verabschieden uns von der Blumenwiese und all ihren Tieren. Ach, wie schön unser kleiner Ausflug war!
Mit der Rassel rasseln und winken.

Idee: Eva Fernandes Correia

Hurra, hurra, die Sonne ist da!

Klatschspiel

Alter: ab 1,5 Jahren
Dauer: 5 Minuten

Hurra, hurra, die Sonne ist da!
Hurra, hurra, die Sonne ist da!
2x klatschen, dann mit den Händen einen Kreis formen.

Sie strahlt so schön, sie strahlt so schön,
Die Arme zur Seite strecken, mit den ausgestreckten Fingern wackeln.
komm lass uns bald nach draußen gehen!
Mit den Händen eine Bewegung nach vorn machen.

Hurra, hurra, die Sonne ist da!
Hurra, hurra, die Sonne ist da!
2x klatschen, dann mit den Händen einen Kreis formen.

Sie strahlt so schön, sie strahlt so schön,
Die Arme zur Seite strecken, mit den ausgestreckten Fingern wackeln.
komm lass uns eine Runde drehen!
Mit den Händen vor dem Körper einen liegenden Kreis malen.

Hurra, hurra, die Sonne ist da!
Hurra, hurra, die Sonne ist da!
2x klatschen, dann mit den Händen einen Kreis formen.

Sie strahlt so schön, sie strahlt so schön,
Die Arme zur Seite strecken, mit den ausgestreckten Fingern wackeln.
am Himmel können wir sie sehen!
Mit beiden Händen zum Himmel zeigen

Idee: Eva Fernandes Correia

Die Fische im Meer

Rasselspiel

Material
2 Rasseln (für jedes Kind)

Alter: ab 2 Jahren
Dauer: 5 Minuten

Zwei kleine Fische schwimmen im Meer:
zisch zisch, zisch zisch, zisch zisch.
Die Rasseln hin- und herbewegen.

Zwei kleine Fische schwingen ihre Flossen:
auf und ab, auf und ab, auf und ab.
Die Rasseln auf- und abbewegen.

Zwei kleine Fische hüpfen über die Wellen:
husch husch, husch husch, husch husch.
Die Rasseln hin- und herhüpfen lassen.

Zwei kleine Fische spielen im Wasser:
plitsch platsch, plitsch platsch, plitsch platsch.
Mit den Rasseln kleine spielende Bewegungen machen.

Zwei kleine Fische planschen am Riff:
spritz spritz, spritz spritz, spritz spritz.
Die Rasseln nach vorn bewegen.

Zwei kleine Fische singen ein Lied:
blubb blubb, blubb blubb, blubb blubb.
Mit den Rasseln rasseln.

Idee: Eva Fernandes Correia

Sonne, Sonne, komm herbei!

Klatschspiel

Alter: ab 2 Jahren
Dauer: 5 Minuten

Sonne, Sonne, komm herbei,
Die Hände zu sich holen.
zeig uns deine Strahlen.
Die Arme ausbreiten.
Sonne, Sonne, komm herbei,
Die Hände zu sich holen.
wir klatschen deinen Namen:
S – O – N – N – E.
Jeden einzelnen Buchstaben langsam klatschen.

Sonne, Sonne, warm und hell,
Die Hände aneinanderreiben.
zeig uns deine Strahlen.
Die Arme ausbreiten.
Sonne, Sonne, warm und hell,
Die Hände aneinanderreiben.
wir patschen deinen Namen:
S – O – N – N – E.
Jeden einzelnen Buchstaben langsam auf die Oberschenkel patschen.

Sonne, Sonne, kugelrund,
Eine Kugel mit den Händen formen.
zeig uns deine Strahlen.
Die Arme ausbreiten.
Sonne, Sonne, kugelrund,
Eine Kugel mit den Händen formen.
wir tippen deinen Namen:
S – O – N – N – E.
Bei jedem einzelnen Buchstaben die Zeigefingerspitzen langsam aneinandertippen.

Idee: Eva Fernandes Correia

Zwei kleine Delfine

Rasselspiel

Alter: ab 1,5 Jahren
Dauer: 5 Minuten

Material
2 Rasseln (für jedes Kind)

Zwei kleine Delfine schwimmen im Meer,
schwimmen im Meer,
schwimmen im Meer.
Die beiden Rasseln bewegen.

Sie schwimmen hoch und tief,
sie schwimmen hoch und tief,
sie schwimmen hoch und tief.
Die beiden Rasseln auf- und abbewegen.

Sie schwimmen hin und her,
sie schwimmen hin und her,
sie schwimmen hin und her.
Die beiden Rasseln seitlich hin- und herbewegen.

Sie schwimmen rundherum,
sie schwimmen rundherum,
sie schwimmen rundherum.
Die beiden Rasseln vor dem Körper kreisen lassen.

Sie springen aus dem Wasser,
sie springen aus dem Wasser,
sie springen aus dem Wasser.
Die beiden Rasseln hüpfen lassen.

Zwei kleine Delfine schlafen leise ein,
schlafen leise ein,
schlafen leise ein.
Die beiden Rasseln leise auf den Boden legen, den Zeigefinger an den Mund halten.

Idee: Eva Fernandes Correia

Der Sommer ist da

Glöckchenspiel

Alter: ab 1 Jahr
Dauer: 5 Minuten

Material
1 Glöckchen
(für jedes Kind)

Sommer, Sommer, du bist da,
du schenkst uns wie jedes Jahr
die warme helle Sonne,
die warme helle Sonne!

Sommer, Sommer, du bist da,
du schenkst uns wie jedes Jahr
Zeit, draußen zu spielen,
Zeit, draußen zu spielen!

Sommer, Sommer, du bist da,
du schenkst uns wie jedes Jahr
ganz viel Spaß mit Wasser,
ganz viel Spaß mit Wasser!

Sommer, Sommer, du bist da,
du schenkst uns wie jedes Jahr
ein leck'res Eis mit Waffel,
ein leck'res Eis mit Waffel!

Sommer, Sommer, du bist da,
du schenkst uns wie jedes Jahr
bunte Schmetterlinge,
bunte Schmetterlinge!

Und so geht's:
Jedes Kind erhält ein Glöckchen. Lesen Sie den Text vor. Bei den letzten beiden Zeilen jedes Absatzes dürfen die Kinder mit ihren Glöckchen klingeln. Überlegen Sie gemeinsam mit den Kindern, was der Sommer noch alles Schönes mit sich bringt – vielleicht entstehen dadurch ja neue Strophen!

Idee: Eva Fernandes Correia

Schiff ahoi!

Rassellied

Alter: ab 1 Jahr
Dauer: 5 Minuten

Material
1 Rassel (für jedes Kind)

Segelboot, Segelboot,
schwimmt durchs Meer, schwimmt durchs Meer.
Hisse deine Flagge, hisse deine Flagge,
Schiff ahoi, Schiff ahoi!

Segelboot, Segelboot,
jetzt kommt Wind, jetzt kommt Wind.
Setze deine Segel, setze deine Segel,
Wellengang, Wellengang!

Und so geht's:
Jedes Kind erhält eine Rassel. Singen Sie das Lied: Bei den ersten Zeilen der Strophe wird jeweils leise mitgerasselt, bei der letzten Zeile der Strophe wird laut mitgerasselt.

Segelboot, Segelboot,
hin und her, hin und her,
schaukelt unser Boot, schaukelt unser Boot,
auf dem Meer, auf dem Meer!

Melodie: Bruder Jakob

Idee: Eva Fernandes Correia

Pitsch und Patsch

Glöckchenspiel

Alter: ab 2 Jahren
Dauer: 5 Minuten

Material
1 Glöckchen
(für jedes Kind)

Pitsch und patsch, pitsch und patsch,
im Wasser spielen, das macht Spaß!
Pitsch und patsch, pitsch und patsch,
das Wasser macht den Körper nass.

Pitsch und patsch, pitsch und patsch,
im Wasser spielen, das macht Spaß!
Pitsch und Patsch, pitsch und patsch,
das Wasser macht die Hände nass.

Pitsch und patsch, pitsch und patsch,
im Wasser spielen, das macht Spaß!
Pitsch und patsch, pitsch und patsch,
das Wasser macht die Arme nass.

Und so geht's:
Jedes Kind bekommt zwei Glöckchen: eines in die linke Hand, das andere in die rechte. Bei „Pitsch" wird das Glöckchen in der einen Hand geläutet, bei „Patsch" das Glöckchen in der anderen Hand. Haben die Kinder weitere Ideen, was noch nass werden könnte? Wie wäre es beispielsweise mit der Erde, dem Rasen oder den Beinen?

Idee: Eva Fernandes Correia

Sommerwind, Sommerwind

Rhythmusspiel

Alter: ab 2 Jahren
Dauer: 10 Minuten

Sommerwind, Sommerwind,
bunte Blumen im Sommerwind.
Schwingen hin und schwingen her,
schwingen kreuz und quer.

Sommerwind, Sommerwind,
grüne Gräser im Sommerwind.
Schwingen hin und schwingen her,
schwingen kreuz und quer.

Sommerwind, Sommerwind,
weiße Wolken im Sommerwind.
Schwingen hin und schwingen her,
schwingen kreuz und quer.

Sommerwind, Sommerwind,
Schmetterlinge im Sommerwind.
Schwingen hin und schwingen her,
schwingen kreuz und quer.

Sommerwind, Sommerwind,
Bienen fliegen im Sommerwind.
Schwingen hin und schwingen her,
schwingen kreuz und quer.

Und so geht's:
Zum Wort „Sommerwind" wird passend zu den Silben dreimal mit den Händen auf die Beine gepatscht. Danach wird das genannte Objekt mit den Händen in der Luft dargestellt, dann schwingt der Oberkörper leicht hin und her und am Ende bei „kreuz und quer" wird dreimal mit den Händen auf die Beine gepatscht.

Idee: Eva Fernandes Correia

Bunte Musikanten

Spiellied

Alter: ab 2 Jahren
Dauer: 5 Minuten

Material
2 Rasseln und 2 Glöckchen (für jedes Kind)

Zeigt her eure Hände, die Rasseln dazu,
und sehet den bunten Musikanten zu.

Die Hände zeigen,
die Rasseln in die Hände nehmen.

Wir rasseln, wir rasseln,
wir rasseln den ganzen Tag,
wir rasseln, wir rasseln,
wir rasseln den ganzen Tag.

Im Takt mitrasseln.

Zeigt her eure Hände, die Glöckchen dazu,
und sehet den bunten Musikanten zu.

Die Hände zeigen,
die Glöckchen in die Hände nehmen.

Wir klingen, wir klingen,
wir klingen den ganzen Tag,
wir klingen, wir klingen,
wir klingen den ganzen Tag.

Im Takt mitklingeln.

Zeigt her eure Hände, die Finger dazu,
und sehet den bunten Musikanten zu.

Die Hände zeigen, die Finger bewegen.

Wir klatschen, wir klatschen,
wir klatschen den ganzen Tag,
wir klatschen, wir klatschen,
wir klatschen den ganzen Tag.

Im Takt mitklatschen.

Zeigt her eure Hände, die Füße dazu,
und sehet den bunten Musikanten zu.

Die Hände zeigen,
die Füße einzeln zeigen.

Wir tanzen, wir tanzen,
wir tanzen den ganzen Tag,
wir tanzen, wir tanzen,
wir tanzen den ganzen Tag.

Tanzen und sich bewegen.

Melodie: Zeigt her eure Füße

Idee: Eva Fernandes Correia

Auf Reisen

Spielidee

Material
1 Rassel, 1 Glöckchen

Alter: ab 1,5 Jahren
Dauer: 10 Minuten

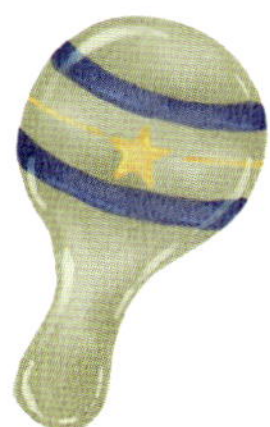

Mein Glöckchen geht auf Reise,
ganz leise, ganz leise,
von einer Hand zur and'ren Hand
wandert es im Kreise.

Gli-Gla-Glöckchen,
sei ganz leise.
Gli-Gla-Glöckchen,
gehe auf die Reise.

Meine Rassel geht auf Reise,
ganz leise, ganz leise,
von einer Hand zur and'ren Hand
wandert es im Kreise.

Ri-Ra-Rassel,
sei ganz leise.
Ri-Ra-Rassel,
gehe auf die Reise.

Und so geht's:
Setzen Sie sich gemeinsam mit den Kindern in einen Kreis. Zuerst wird das Glöckchen, dann die Rassel von Kind zu Kind durch den Kreis gereicht.

Idee: Eva Fernandes Correia

Ein Tag am Strand

Klanggeschichte

Alter: ab 2 Jahren
Dauer: 10 Minuten

Material
1 Rassel (oder: 1 Ocean Drum)

Die Sonne scheint heute so schön,
wir möchten an den Strand gehen.

Sonnenschirm und großes Tuch,
Badesachen, Bilderbuch.

Wir packen alles ein,
ein Strandtag, der ist fein!

Sonnencreme in mein Gesicht –
das stört mich nicht!

Barfuß geh'n wir durch den Sand,
wir laufen bis zum Wasserrand.

Das Meer ist warm und nass,
wir planschen mit viel Spaß.

Auf dem Kopf ein Sonnenhut,
die Sandburg wird heut richtig gut.

Das Tuch ruft dann zur Pause,
bald geht es wieder nach Hause!

Und so geht's:
Machen Sie nach jeder Strophe eine Pause und erzeugen Sie mit der Rassel oder der Ocean Drum langsame und feine Meeresgeräusche. Geben Sie den Kindern Zeit zum Lauschen. Bei den letzten beiden Zeilen legen Sie das Instrument leise vor sich.

Idee: Eva Fernandes Correia

Schmetterling, Schmetterling

Rasselspiel

Material
1 Rassel (für jedes Kind)

Alter: ab 1,5 Jahren
Dauer: 10 Minuten

Schmetterling, Schmetterling,
du bist so ein hübsches Ding.
Die Rassel wie einen Schmetterling fliegen lassen.

Fliegst nach hier und fliegst nach da,
suchst die Sonne, das ist klar.
Rechts und links in der Luft rasseln.

Schmetterling, Schmetterling,
du bist so ein hübsches Ding.
Die Rassel wie einen Schmetterling fliegen lassen.

Fliegst zur bunten Blumenwiese,
sammelst Nektar, Brise für Brise.
Die Rassel auf einer Linie entlang führen.

Schmetterling, Schmetterling,
du bist so ein hübsches Ding.
Die Rassel wie einen Schmetterling fliegen lassen.

Fliegst nach hier und fliegst nach da,
suchst die große Schmetterlingsschar.
Rechts und links in der Luft klingeln.

Schmetterling, Schmetterling,
du bist so ein hübsches Ding.
Die Rassel wie einen Schmetterling fliegen lassen.

Fliegst zu den großen Bäumen,
der Schatten ruft zum Träumen.
Rassel im Kreis bewegen und dann hinlegen.

Idee: Eva Fernandes Correia

Mein Glöckchen

Glöckchenspiel

Alter: ab 1,5 Jahren
Dauer: 5 Minuten

Material
1 Glöckchen
(für jedes Kind)

Mein Glöckchen ist heute eine Sonne.
Das Glöckchen hochhalten und zeigen.

Groß und rund, warm und hell.
Mit dem Glöckchen einen Kreis malen.

Sie hat viele lange Strahlen.
Mit dem Glöckchen lange Strahlen in die Luft malen.

Sonne, Sonne, scheine,
Das Glöckchen seitlich hin- und herbewegen.

scheine hell und warm.
Mit dem Glöckchen mehrmals klingeln.

Sonne, Sonne, scheine,
Das Glöckchen seitlich hin- und herbewegen.

scheine nah und fern.
Mit dem Glöckchen mehrmals klingeln.

Mein Glöckchen ist heute eine Sonne.
Das Glöckchen hochhalten und zeigen.

Groß und rund, warm und hell.
Mit dem Glöckchen einen Kreis malen.

Sie hat viele lange Strahlen.
Mit dem Glöckchen lange Strahlen in die Luft malen.

Sonne, Sonne, scheine,
Das Glöckchen seitlich hin- und herbewegen.

scheine überall.
Mit dem Glöckchen mehrmals klingeln.

Sonne, Sonne, scheine,
Das Glöckchen seitlich hin- und herbewegen.

scheine für uns alle.
Mit dem Glöckchen mehrmals klingeln.

Idee: Eva Fernandes Correia

Wasserspielplatz

Klanggeschichte

Material
1 Glöckchen, 1 Trommel,
1 Tamburin

Alter: ab 2 Jahren
Dauer: 5 Minuten

Heute sind wir auf einem riesengroßen Spielplatz. Dort kann man viele tolle Sachen mit Wasser machen.
Mit dem Tamburin rasseln.

Zuerst bewegen wir den Hebel der Wasserpumpe. Da spritzt das Wasser heraus und läuft langsam seinen Weg nach unten. Ein richtiger Wasserlauf entsteht.
Das Glöckchen erst einzeln, dann mehrmals hintereinander klingeln lassen.

Da siehst du einen kleinen Wasserfall und das Wasser plätschert dort in ein Loch hinein.
Die Trommel mehrmals anschlagen.

Überall sind nun Pfützen und du kannst barfuß durch das Wasser laufen. Es fühlt sich frisch und nass an.
Mit dem Tamburin rasseln.

Möchtest du in eine Pfütze springen? Oder lieber mit den Händen planschen?
Erst mit der Hand die Trommel anschlagen, dann mit dem Glöckchen klingeln.

Da entdeckst du einen Springbrunnen. Das Wasser spritzt nach oben und viele Wassertropfen fallen auf die Erde.
Tamburin und Glöckchen gemeinsam erklingen lassen.

Mit einem Eimer kannst du die Wassertropfen auffangen und einsammeln.
Mit allen Fingern auf die Trommel tippen.

Du schüttest das Wasser in eine Wanne und das blubbert richtig laut.
Mit dem Tamburin rasseln.

Mit Steinen und nasser Erde baust du einen Staudamm und sammelst das Wasser. Es wird immer höher und dann läuft das Wasser über. Das Wasser tropft auf die Erde und auf deine Füße.
Das Glöckchen mehrmals erklingen lassen.

Das war ein schöner Tag auf dem Wasserspielplatz.
Erst mit den Fingern auf die Trommel tippen, dann mit der Hand darüberreiben.

Idee: Eva Fernandes Correia

Herbst

Klackernder Kokosnusstanz

Spiellied

Alter: ab 2 Jahren
Dauer: 10 Minuten

Material
Kokosnussschalen, Klettband (oder: breites Geschenkband)

Wir tanzen heute einen Tanz,
die Nüsse woll'n wir hören,
sie klackern auf dem Boden ganz,
das kann uns gar nicht stören.

Mit den Nüssen klackern.

So tanzen wir mit Nüssen hier
und trommeln munter weiter.

Melodie: So tanzt die Schlange ihren Tanz

Und so geht's:
Binden Sie den sitzenden Kindern die Kokosnussschalen mit dem Band so an die Hände, dass die offene Seite der Kokosnuss die Handfläche berührt. Passend zur Musik schlagen die Kinder die Hände mit den Nussschalen auf den Boden. Um das Lied zu beenden, ersetzen Sie die letzten beiden Zeilen durch: „Genug getanzt mit Nüssen ganz, wir trommeln morgen wieder."

Idee: Marion Bischoff

Lustiges Nussgeklapper

Rhythmusgedicht

Material
2 Walnüsse (für jedes Kind)

Alter: ab 2 Jahren
Dauer: 10 Minuten

Nüsse klappern, klack, klack, klack,
Nüsse tackern, tack, tack, tack.
Nüsse klopfen, klock, klock, klock,
Nüsse tocken, tock, tock, tock.
Nüsse fallen, tschack, tschack, tschack,
auf den Boden, knack, knack, knack.

Und so geht's:
Jedes Kind nimmt zwei Walnüsse in die Hände. Während des Reims klopfen die Kinder die Nüsse rhythmisch aneinander. Bei der letzten Strophe lassen alle die Nüsse auf den Boden fallen. Variieren Sie die Lautstärke in Ihrer Stimme und entsprechend auch beim Klopfen mit den Nüssen.

Idee: Marion Bischoff

Der Herbstwind

Spielreim

Alter: ab 1 Jahr
Dauer: 5 Minuten

Herbstwind,
Die Arme hin- und herwiegen.

eins, zwei, drei,
3x klatschen.

Herbstwind
Die Arme hin- und herwiegen.

weht herbei.
Pusten.

Treibt die Blätter weg,
Die Arme hin- und herwiegen.

finden kein Versteck.
Die Hände vors Gesicht legen.

Herbstwind,
Die Arme hin- und herwiegen.

eins, zwei, drei,
3x klatschen.

Herbstwind
Die Arme hin- und herwiegen.

weht hervor.
Pusten.

Mach schnell zu das Tor.
Die Hände vor die Brust legen.

Idee: Marion Bischoff

Raschelndes Laub

Mitmachgedicht

Material
trockenes Laub

Alter: ab 2 Jahren
Dauer: 5 Minuten

Laubgeraschel, Laubgeraschel,
hier in meinen Händen.
Laubgeraschel, Laubgeraschel,
will wohl gar nicht enden.

Laubgeraschel, Laubgeraschel,
machen alle Kinder.
Laubgeraschel, Laubgeraschel
vom Herbst bis zum Winter.

Und so geht's:
Legen Sie vor jedes Kind einen kleinen Laubhaufen – achten Sie dabei darauf, dass das Laub trocken ist und schön rascheln kann. Während Sie das Gedicht aufsagen, können die Kinder das Laub in die Hände nehmen und es zerknittern und so lange damit rascheln wie es ihnen Freude macht.

Idee: Marion Bischoff

Wind saust um das Haus

Rhythmusvers

Alter: ab 1 Jahr
Dauer: 5 Minuten

Wind saust um das Haus,
klingt wie sausebraus.

Wind saust um das Haus,
setz die Mütze auf.

Wind saust um das Haus,
klingt wie sausebraus.

Und so geht's:
Wiederholen Sie den Vers. Bei jeder Wiederholung verändern Sie die Sprechgeschwindigkeit, die Lautstärke, den Rhythmus und unterstützen dies durch Klatschen, Patschen oder Stampfen.

Idee: Marion Bischoff

Der Gummistiefel-Hit

Klatschspiel

Material
1 Paar Gummistiefel
(für jedes Kind)

Alter: ab 2 Jahren
Dauer: 10 Minuten

Das ist der Gummistiefel-Hit.
Heut klatschen alle Stiefel mit.
Tick und tack und tack und tick,
klatschen wir den Stiefel-Hit.

Das ist der Gummistiefel-Hit,
heut klatschen alle Stiefel mit.
Tock und teck, tock und teck,
zack, da sind die Stiefel weg.

Und so geht's:
Jedes Kind hat ein Paar Gummistiefel vor sich auf dem Boden stehen. Lassen Sie die Kinder entscheiden, ob sie mit den Händen in ihre Stiefel schlüpfen und so klatschen, ob sie die Stiefel aneinanderschlagen oder die Geräusche mit den Gummistiefeln in irgendeiner anderen Form gestalten wollen. Während des Reims klatschen die Kinder mit den Gummistiefeln. Bei der letzten Strophe stellen die Kinder ihre Stiefel blitzartig hinter sich. Im Anschluss können Sie das Lied „Meine Hände sind verschwunden" umgedichtet mit den Kindern anstimmen:

Meine Stiefel sind verschwunden,
ich habe keine Stiefel mehr.
Seht, da sind meine Stiefel wieder,
trallalalalalala!

Idee: Marion Bischoff

Mein kleines Apfelbäumchen

Lied

Alter: ab 1 Jahr
Dauer: 10 Minuten

Material
1 Glöckchen
(für jedes Kind)

Mein kleines Apfelbäumchen
steht hier im Feld.
Seine Äpfel glänzen
rot in die Welt.
Schau dir mal das Bäumchen an,
mit den roten Äpfeln dran.
Die schmecken süß und saftig,
probier sie dann!

Melodie: Ein Männlein steht im Walde

Und so geht's:
Jedes Kind erhält ein Glöckchen. Singen Sie gemeinsam das Lied und begleiten Sie es im Takt mit den Glöckchen. Um den Text etwas zu variieren, können Sie auch die Baumsorte oder die Farbe der Äpfel ändern – vielleicht klingen dann alternativ nicht nur Glöckchen, sondern auch Rasseln?

Idee: Marion Bischoff

Familie Maus

Klatschgedicht

Alter: ab 2 Jahren
Dauer: 5 Minuten

Mama Maus, Mama Maus
ruft aus ihrem Haus hinaus:
„Kinder, Kinder,
kommt ins Haus!“

Papa Maus, Papa Maus
sieht zum Küchenfenster raus:
„Kinder, Kinder,
kommt ins Haus!“

Kinder Maus, Kinder Maus
laufen blitzeschnell nach Haus.
Kinder, Kinder,
geh’n ins Haus!

Und so geht’s:
Klatschen Sie passend zu den Silben oder rhythmisch zu dem Gedicht. Sie können auch die jeweiligen Handlungen der Mäuse pantomimisch ausführen.

Idee: Marion Bischoff

Kling und Klang

Begrüßungsreim

Alter: ab 1 Jahr
Dauer: 10 Minuten

Material
1 Glöckchen

Kling und Klang, Kling und Klang,
wieder fängt ein Tag neu an.
Kling und Klang, Kling und Klang,
guten Morgen alle zusamm'.

Und so geht's:
Zur morgendlichen Begrüßung nimmt ein Kind ein Glöckchen in die Hand. Während alle Kinder sprechen, läutet dieses Kind das Glöckchen. Reihum darf jedes Kind einmal das Glöckchen klingeln lassen. Entscheiden Sie dabei individuell, ob mehrere Kinder an einem Tag an die Reihe kommen oder ob tageweise abgewechselt werden soll.

Idee: Marion Bischoff

Oktobertanz

Spiellied

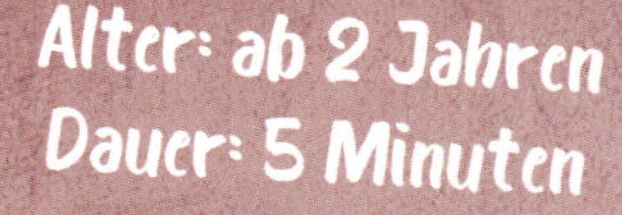

S'ist schon wieder Oktober,
leer ist das Stoppelfeld,
lass uns tanzen und danken,
denn so schön ist die Welt.

S'ist schon wieder Oktober,
holt die Äpfel vom Baum,
lass uns tanzen und danken,
denn die Welt ist ein Traum.

Melodie: Kommt ein Vogel geflogen

Und so geht's:
Die Kinder stehen im Kreis und fassen sich an den Händen. Bewegen Sie sich mit der Kindergruppe langsam im Kreis, während Sie das Lied singen, und stampfen Sie dabei rhythmisch auf den Boden.

Idee: Marion Bischoff

Laut und leise

Bewegungsgedicht

Alter: ab 2 Jahren
Dauer: 5 Minuten

Wir gehen laut und leise
auf ganz besond're Weise.
Hin und her und hin her,
bewegen uns, das ist nicht schwer.

Wir kriechen laut und leise,
auf ganz besond're Weise.
Hin und her und hin und her,
bewegen uns, das ist nicht schwer.

Wir klatschen laut und leise
auf ganz besond're Weise.
Hin und her und hin und her,
bewegen uns, das ist nicht schwer.

Wir klopfen laut und leise,
auf ganz besond're Weise.
Hin und her und hin und her,
bewegen uns, das ist nicht schwer.

Wir hüpfen laut und leise,
auf ganz besond're Weise.
Hin und her und hin und her,
bewegen uns, das ist nicht schwer.

Und so geht's:
Die Kinder führen jeweils die Bewegungen durch, die in den einzelnen Strophen genannt werden. Erfinden Sie neue Strophen mit den Kindern oder wiederholen Sie einzelne Bewegungen, um ihnen Sicherheit zu geben.

Idee: Marion Bischoff

Heute gibt es Pflaumenmus

Mitmachgedicht

Alter: ab 1 Jahr
Dauer: 5 Minuten

Heute gibt es Pflaumenmus,
süßes, süßes Pflaumenmus.

Den Topf holen wir her,
was muss rein, bitte sehr?

Pflaumen geben wir hinein,
Zucker rühren wir mit rein.

Noch Vanille, bisschen Zimt,
rühr es um, so geht's bestimmt.

Heute gibt es Pflaumenmus,
süßes, süßes Pflaumenmus.

Und so geht's:
Klatschen Sie passend zu den Silben oder rhythmisch zu dem Gedicht. Sie können auch die jeweiligen Handlungen pantomimisch ausführen.

Idee: Marion Bischoff

Füße stampfen, Hände klatschen

Spiellied

Alter: ab 1 Jahr
Dauer: 10 Minuten

Wo sind deine Füße, wo sind sie versteckt?
Ach, jetzt habe ich sie da bei dir entdeckt.
Sie trampeln, sie trampeln, sie trampeln den ganzen Tag.
Sie trampeln, sie trampeln, sie trampeln den ganzen Tag.

Wo sind deine Hände, wo sind sie versteckt?
Ach, jetzt habe ich sie da bei dir entdeckt.
Sie klatschen, sie klatschen, sie klatschen den ganzen Tag.
Sie klatschen, sie klatschen, sie klatschen den ganzen Tag.

Wo sind deine Finger, wo sind sie versteckt?
Ach, jetzt habe ich sie da bei dir entdeckt.
Sie schnipsen, sie schnipsen, sie schnipsen den ganzen Tag.
Sie schnipsen, sie schnipsen, sie schnipsen den ganzen Tag.

Wo sind deine Ohren, wo sind sie versteckt?
Ach, jetzt habe ich sie da bei dir entedeckt.
Sie lauschen, sie lauschen, sie lauschen den ganzen Tag.
Sie lauschen, sie lauschen, sie lauschen den ganzen Tag.

Melodie: Zeigt her eure Füße

Und so geht's:
Die Kinder sitzen im Raum verteilt oder im Kreis. Singen Sie das Lied und machen Sie gemeinsam mit den Kindern die Bewegungen nach – wer kann im Takt mit den Füßen trampeln, mit den Händen klatschen und mit den Fingern schnipsen?

Idee: Marion Bischoff

Ri-Ra-Raschel

Mitmachgedicht

Alter: ab 2 Jahren
Dauer: 10 Minuten

Material
Zeitungspapier
(oder: Rasseln)

Ri-Ra-Raschel, Raschel-Ra-Ri,
raschelt in meinen Händen,
raschelt so schön wie nie.

Mit dem Zeitungspapier rascheln.

Ri-Ra-Raschel, Raschel-Ra-Ri,
raschelt laut und kräftig,
raschelt so schön wie nie.

Mit dem Zeitungspapier laut und kräftig rascheln.

Ri-Ra-Raschel, Raschel-Ra-Ri,
raschelt ganz, ganz leise,
raschelt so schön wie nie.

Mit dem Zeitungspapier leise und vorsichtig rascheln.

Und so geht's:
Jedes Kind bekommt ein Stück Zeitungspapier. Alle halten ihr Papier ganz still, sprechen den kurzen Reim und dann wird entsprechend dem Text losgeraschelt.

Idee: Marion Bischoff

Meine Hand, deine Hand

Klatschspiel

Alter: ab 2 Jahren
Dauer: 5 Minuten

Meine Hand zeige ich dir,
meine Hand gebe ich dir.

Wir klatschen uns ab,
wir halten uns fest.
Wir lassen uns los,
wir winken uns zu.

Meine Hand zeige ich dir,
meine Hand gebe ich dir.

Und so geht's:
Jeweils zwei Kinder stehen sich gegenüber. Entsprechend dem Text agieren sie mit ihren Händen.

Idee: Marion Bischoff

Regentropfen

Mitmachgedicht

Alter: ab 1,5 Jahren
Dauer: 10 Minuten

Material
verschiedene Instrumente (z. B. Trommel, Tamburin, Klanghölzer, Rasseleier)

Es regnet, es regnet,
hörst du die Regentropfen?
Es regnet, es regnet,
wie sie ans Fenster klopfen.

Es pladdert, es pladdert,
hörst du die Regentropfen?
Es pladdert, es pladdert,
wie sie ans Fenster klopfen.

Es nieselt, es nieselt,
hörst du die Regentropfen?
Es nieselt, es nieselt,
wie sie ans Fenster klopfen.

Und so geht's:
Die Kinder sitzen im Kreis auf dem Boden. Jedes Kind hat ein Rhythmus-Instrument in der Hand. Lesen Sie das Gedicht vor: Durch die Lautstärke Ihrer Stimme beeinflussen Sie die Lautstärke, in der die Kinder ihre Instrumente bedienen. Beim Pladdern muss es richtig laut werden, beim Nieseln ganz leise. Überlegen Sie sich mit den Kindern doch noch weitere Wörter für den Regen.

Idee: Marion Bischoff

Winter

Wir sagen guten Tag!

Morgengruß

Alter: ab 1 Jahr
Dauer: 10 Minuten

Material
1 Glöckchen

An diesem schönen Wintertag

An diesem schönen Wintertag
Alle Finger von oben nach unten zappeln lassen.

sag ich dir, dass ich dich mag.
Die Handflächen auf das Herz legen.

Hallo (Name), bist du da?
Winken, dann die Hand ans Ohr halten und warten, bis das Kind das Glöckchen läutet.

Das finde ich ganz wunderbar!
In die Hände klatschen.

Kommt ein Engel geflogen

Kommt ein Engel geflogen,
Das Glöckchen läuten.

sagt der/dem (Name) guten Tag!
Dem Kind das Glöckchen überreichen.

Und dann fliegt er wieder weiter,
Winken.

weil er alle grüßen mag.
Mit fließender Bewegung auf alle Kinder deuten.

Melodie: Kommt ein Vogel geflogen

Und so geht's:
In beiden Morgengrüßen wandert ein Glöckchen durch die Gruppe, bis jedes Kind der Gruppe begrüßt wurde. Das Glöckchen kann von Kind zu Kind weitergereicht werden – oder Sie nehmen das Glöckchen immer zum Ende des Reimes wieder zu sich, bevor Sie es dann im nächsten Durchgang einem weiteren Kind überreichen.

Idee: Verena Hafner

Kleines Glöckchen, kling für mich!

Mitmachlied

Alter: ab 1 Jahr
Dauer: 5 Minuten

Material
1 Glöckchen und 1 LED-Teelicht (für jedes Kind)

Kleines Glöckchen, kleines Glöckchen,
kling für mich, kling für mich.
Die Glöckchen läuten.

Bringe mir die Weihnacht –
bringe mir die Weihnacht.
Die Glöckchen läuten.

Und ein Licht –
und ein Licht.
Die LED-Teelichter anschalten.

Melodie: Bruder Jakob

TIPP
Wenn Sie das Licht im Voraus etwas dimmen, zaubern die Teelichter zum Schluss eine gemütliche, weihnachtliche Atmosphäre, die Sie noch einen Moment mit den Kindern genießen können.

Idee: Verena Hafner

Schneeflockentanz

Rasselgeschichte

Alter: ab 1,5 Jahren
Dauer: 5 Minuten

Material
1 Rassel (für jedes Kind)

Eine kleine Schneeflocke schwebt durch die Luft.
Locker und entspannt rasseln.

Ganz leicht und langsam schwebt sie dahin.
Langsam und sanft rasseln.

Da kommt der Wind und pustet die kleine Schneeflocke hoch in die Luft hinauf.
Schnell rasseln.

Der Wind pustet und pustet – und die kleine Schneeflocke wird hin- und hergeweht.
Schnell und laut rasseln.

Doch schon bald wird der Wind müde.
Langsamer rasseln.

Er hört auf zu pusten und die kleine Schneeflocke schwebt langsam zum Boden hinab.
Langsam und sanft rasseln.

Idee: Verena Hafner

Herr und Frau Schneemann

Klanggeschichte

Material
Schellenkränze,
Trommeln

Alter: ab 2,5 Jahren
Dauer: 10 Minuten

Herr und Frau **Schneemann** stehen im Garten.
Die Schellenkränze anspielen.

Sie schauen zu, wie die Schneeflocken still und leise durch die Luft tanzen. Doch was ist das? Da fliegt doch ein **Schneeball** durch die Luft!
Die Trommeln schlagen.

Herr und Frau **Schneemann** sind erstaunt.
Die Schellenkränze anspielen.

Der **Schneeball** fliegt ziemlich schnell auf sie zu und landet dann …
Die Trommeln schlagen.

… na, was glaubt ihr? Er landet genau auf dem Kopf von Herrn **Schneemann**!
Die Schellenkränze anspielen.

Na, so was, hört ihr auch ein leises Kichern? Wer kann das sein? Da, dort drüben hinter dem Busch – da versteckt sich doch Baby **Schneemann**!
Die Schellenkränze anspielen.

Könnt ihr euch denken, wer den **Schneeball** geworfen hat?
Die Trommeln schlagen.

TIPP
Führen Sie die Klanggeschichte zunächst ohne Einsatz der Instrumente ein. Wenn die Kinder mit dem Inhalt vertraut sind, ergänzen Sie zuerst die Schellenkränze und später auch noch die Trommeln.

Und so geht's:
Während Sie die Geschichte vorlesen, vertonen die Kinder sie mit einfachen Instrumenten. Immer wenn sie das Signalwort **Schneemann** hören, dürfen sie die Schellenkränze anspielen. Auf das Signalwort **Schneeball** folgen die Trommeln – eine große Herausforderung für die Konzentration! Machen Sie an den entsprechenden Stellen eine kurze Lesepause, damit die Kinder reagieren können.

Idee: Verena Hafner

Meine kleine Laterne

Mitmachlied

Alter: ab 2 Jahren
Dauer: 10 Minuten

Material
1 kleines Instrument (für jedes Kind; z. B. Glöckchen, Triangel, Rasselei)

Meine kleine Laterne
leuchtet so wunderschön –
ganz weit bis in die Ferne
ist ihr Lichtlein zu seh'n.

Meine kleine Laterne
trage ich vor mir her –
sie macht die dunkle Nacht heller,
das gefällt mir so sehr.

Meine kleine Laterne
zeigt mir den Weg nach Haus –
bin ich dort angekommen,
ja, dann puste ich sie aus.

Melodie: Kommt ein Vogel geflogen

TIPP
Mit einer selbst gebastelten Tischlaterne in der Kreismitte erzeugen Sie eine schöne Atmosphäre. Ist das Lied zu Ende, lassen Sie jeweils ein Kind das Licht auspusten.

Und so geht's:
Singen Sie gemeinsam das Lied. Immer, wenn das Wort *Laterne* erklingt, kommen die Instrumente zum Einsatz. Machen Sie es vor – und die Kinder machen mit!

Idee: Verena Hafner

Wie viele Schneeflocken fallen?

Klanggeschichte

Alter: ab 2 Jahren
Dauer: 5 Minuten

Material

1 Triangel (für jedes Kind)

Schaut, es schneit!
Viele, viele Schneeflocken fallen vom Himmel.
Lasst uns die Schneeflocken zählen:
Es sind drei Schneeflocken – eins, zwei, drei!
3x die Triangel anspielen.

Es schneit immer weiter!
Viele, viele Schneeflocken fallen vom Himmel.
Lasst uns die Schneeflocken zählen:
Es sind vier Schneeflocken – eins, zwei, drei, vier!
4x die Triangel anspielen.

Es hört gar nicht mehr auf, zu schneien!
Viele, viele Schneeflocken fallen vom Himmel.
Lasst uns die Schneeflocken zählen:
Es sind fünf Schneeflocken – eins, zwei, drei, vier, fünf!
5x die Triangel anspielen.

TIPP
Die Triangel kann auch durch ein anderes Instrument ersetzt werden – je nachdem, was Ihr Fundus hergibt!

Und so geht's:
Am Ende jeder Strophe zählen Sie langsam und deutlich. Entsprechend schlagen Sie die Triangel dazu an – und alle machen mit! Je nach Entwicklungsstand der Gruppe können Sie auch weiter als bis fünf zählen.

Idee: Verena Hafner

Die Schneemaus

Klatschgedicht

Alter: ab 2 Jahren
Dauer: 10 Minuten

Die Schneemaus freut sich sehr und lacht.
Klatsch, klatsch, klatsch.
3x in die Hände klatschen.
Der Winter hat ihr Schnee gebracht!
Klatsch, klatsch, klatsch.
3x in die Hände klatschen.

Sie trippelt durch den tiefen Schnee.
Tipp, tipp, tipp.
3x mit den Fingerspitzen tippen.
Hei, das macht ihr Spaß, juchhe!
Tipp, tipp, tipp.
3x mit den Fingerspitzen tippen.

Sie macht Spuren in den Schnee.
Stampf, stampf, stampf.
3x mit den Fäusten trommeln.
Hei, das macht ihr Spaß, juchhe!
Stampf, stampf, stampf.
3x mit den Fäusten trommeln.

Da rutscht sie aus, o jemine.
Huuuiii und platsch.
Mit den Fingerspitzen über den Tisch gleiten, dann mit der Handfläche auf den Tisch patschen.
Und jetzt tut ihr der Popo weh!
Huuuiii und platsch.
Mit den Fingerspitzen über den Tisch gleiten, dann mit der Handfläche auf den Tisch patschen.

Und so geht's:
Die Textstellen zum Klatschen und Patschen sprechen Sie rhythmisch und klatschen, tippen, trommeln oder patschen immer dreimal dazu – schon bald werden die Kinder mitmachen! Zum Schluss pusten alle auf ihre Hände, um die Schneemaus zu trösten.

Idee: Verena Hafner

Wilde Schlittenfahrt

Klanggedicht

Material
1 Glockenspiel

Alter: ab 1,5 Jahren
Dauer: 5 Minuten

Es schneit, es schneit,
es ist wieder so weit!
Den Schlägel leicht über das Glockenspiel hüpfen lassen.

Die Kinder freuen sich und lachen,
woll'n Schlitten fahr'n und solche Sachen.
Den Schlägel leicht über das Glockenspiel hüpfen lassen.

Der Schlitten saust den Berg hinunter,
so werden müde Kinder munter.
Den Schlägel von oben nach unten über das Glockenspiel gleiten lassen.

Mama zieht ihn wieder rauf,
die Kinder sitzen hinten drauf.
Den Schlägel von unten nach oben über das Glockenspiel gleiten lassen.

Und so geht's:
Im ersten Durchgang machen Sie vor, wie das Glockenspiel zu spielen ist. Am Ende des Gedichts fragen Sie die Kinder, ob der Schlitten noch einmal fahren soll – in jeder neuen Runde darf dann ein anderes Kind das Glockenspiel spielen. Die Wiederholungen können Sie auf die Abschnitte 3 und 4 begrenzen. Wenn mehrere Glockenspiele vorhanden sind, können diese natürlich auch gleichzeitig zum Einsatz kommen.

Idee: Verena Hafner

Weihnacht im Winterwald

Alter: ab 1,5 Jahren
Dauer: 10 Minuten

Klanggedicht

Material
1 Glöckchen (für jedes Kind), Tierfiguren (Fuchs, Hase, Eule)

Der Fuchs schleicht leise durch den Wald,
es hat geschneit und ist sehr kalt.
Den Fuchs schleichen lassen.

Da bleibt er stehen – was hört er da?
Den Fuchs stillhalten, die Hand ans Ohr halten und lauschen.

Sind das nicht Glöckchen, wunderbar?
Die Glöckchen läuten.

Der Hase hüpft durch Schnee und Wind,
es ist so kalt, er hüpft geschwind.
Den Hasen hüpfen lassen.

Da bleibt er stehen – was hört er da?
Den Hasen stillhalten, die Hand ans Ohr halten und lauschen.

Sind das nicht Glöckchen, wunderbar?
Die Glöckchen läuten.

Die Eule flattert durch die Nacht,
sie fliegt ganz leise und ganz sacht.
Die Eule fliegen lassen.

Da landet sie – was hört sie da?
Die Eule stillhalten, die Hand ans Ohr halten und lauschen.

Sind das nicht Glöckchen, wunderbar?
Die Glöckchen läuten.

Die Tiere hören Glöckchen klingen
und Engel Weihnachtslieder singen.
Weihnachten ist jetzt schon bald,
auch für die Tiere im Winterwald!
Die Glöckchen läuten.

Und so geht's:
Im ersten Durchgang spielen Sie das Glöckchen selbst. In weiteren Runden bekommt jedes Kind ein Glöckchen und darf mitmachen. Indem Sie das Klanggedicht zusätzlich mit Tierfiguren oder Fingerpuppen begleiten und visualisieren, wecken Sie die Aufmerksamkeit der Kinder.

Idee: Verena Hafner

Bär und Igel

Mitmachlied

Alter: ab 1,5 Jahren
Dauer: 10 Minuten

Material
Klangstäbe, Trommel, Triangel, Schellenkranz

Bär und Igel, Bär und Igel,
schlaft ihr noch, schlaft ihr noch?
Wir wollen euch wecken,
wir wollen euch wecken:
Tock, tock, tock – tock, tock, tock.
Die Klangstäbe anschlagen.

Bär und Igel, Bär und Igel,
schlaft ihr noch, schlaft ihr noch?
Wir wollen euch wecken,
wir wollen euch wecken:
Bumm bumm bumm – bumm bumm bumm!
Auf die Trommel schlagen.

Bär und Igel, Bär und Igel,
schlaft ihr noch, schlaft ihr noch?
Wir wollen euch wecken,
wir wollen euch wecken:
Ding, ding, ding – ding, ding, ding.
Die Triangel spielen.

Bär und Igel, Bär und Igel,
schlaft ihr noch, schlaft ihr noch?
Wir wollen euch wecken,
wir wollen euch wecken:
Klingeling – klingeling.
Den Schellenkranz spielen.

Guten Morgen, Bär und Igel,
ihr seid wach, ihr seid wach!
Konntet ihr uns hören,
konntet ihr uns hören?
So ein Krach, so ein Krach!
Die Ohren zuhalten.

Melodie: Bruder Jakob

Und so geht's:
Erklären Sie den Kindern, dass manche Tiere einen Winterschlaf halten. Nun dürfen die Kinder versuchen, Bär und Igel mit den Klängen ihrer Instrumente aus dem Winterschlaf zu wecken. Die Instrumente werden rhythmisch zum Text gespielt.

TIPP
Sie können das Mitmachlied zusätzlich mit zwei Tierfiguren oder gebastelten Stabfiguren von Bär und Igel begleiten.

Idee: Verena Hafner

Grüße vom Weihnachtsmann

Klanggedicht

Alter: ab 1,5 Jahren
Dauer: 5 Minuten

Material
1 Glöckchen

Der Weihnachtsmann, der Weihnachtsmann,
klingelingeling,
Das Glöckchen läuten.

fliegt durch die Nacht auf seinem Schlitten,
klingelingeling.
Das Glöckchen läuten.

Er fliegt hoch oben in der Luft –
Die Hände nach oben strecken.

Könnt ihr hören, was er ruft?
Eine Hand lauschend ans Ohr halten.

Frohe Weihnachten!
Die Hände vor dem Mund
zum Trichter formen und rufen.

Und so geht's:
Sie tragen das Gedicht vor – die Kinder machen mit! Wenn es der Instrumenten-Fundus hergibt, können Sie jedem Kind ein Glöckchen austeilen. Andernfalls wird abgewechselt und immer ein Kind darf das Glöckchen läuten.

Idee: Verena Hafner

Klitsche-klatsche, pitsche-patsche

Klatschgedicht

Alter: ab 1,5 Jahren
Dauer: 10 Minuten

Klitsche-klatsche,
2x in die Hände klatschen.
pitsche-patsche,
2x auf die Schenkel patschen.
bald schon ist der Weihnachtstag,
Mit dem Kopf nicken.
den ich ja so gerne mag.
Die Arme nach oben recken.

Klitsche-klatsche,
2x in die Hände klatschen.
pitsche-patsche,
2x auf die Schenkel patschen.
Plätzchen backen und auch essen –
Imaginäre Plätzchen zum Mund führen.
Lebkuchen nicht zu vergessen!
Den Bauch reiben.

Klitsche-klatsche,
2x in die Hände klatschen.
pitsche-patsche,
2x auf die Schenkel patschen.
bald schon ist das Christkind da,
Die Hände reiben.
bringt Geschenke mit, hurra!
Die Arme nach oben recken.

Klitsche-klatsche,
2x in die Hände klatschen.
pitsche-patsche,
2x auf die Schenkel patschen.
Weihnachten ist ein Gedicht,
voller Liebe, voller Licht!
Sich selbst umarmen und
dabei hin- und herwiegen.

Idee: Verena Hafner

Was Eisbären mögen

Mitmachlied

Alter: ab 1,5 Jahren
Dauer: 10 Minuten

Material

1 Rassel oder 1 Rasselei (für jedes Kind)

Ich bin ein Eisbär,
ich mag den Winter sehr.
Ich bin ein Eisbär
am kalten Polarmeer.
Ich mag den Winter,
ich mag Eis und Schnee.
Dummdidadi dummdidadi
dummdidadi dummdidadi. (2x)

Quatsch-Version:

Ich bin ein Eisbär,
ich mag die Plätzchen sehr.
Ich bin ein Eisbär –
Zimtsterne und viel mehr.
Ich mag die Plätzchen,
ich mag Leckerei'n.
Dummdidadi dummdidadi
dummdidadi dummdidadi. (2x)

Melodie: I like the flowers

Und so geht's:
Wenn Sie gemeinsam das Lied singen, dürfen alle im Rhythmus mitrasseln. Sobald die Kinder mit dem Grundlied vertraut sind, können Sie die Quatsch-Version einführen. Anschließend gibt es eine Runde Plätzchen für alle!

Idee: Verena Hafner

Warten auf Weihnachten

Geschichtensäckchen

Alter: ab 1,5 Jahren
Dauer: 10 Minuten

Material

1 kleines Stoffsäckchen,
1 Glöckchen, 4 LED-Teelichter,
1 Mädchen-Figur

Anna freut sich schon sehr auf Weihnachten.
Die Figur auspacken und in die Mitte stellen.
Jeden Tag fragt sie: „Wann ist denn endlich Weihnachten?" Und jeden Tag antwortet Papa: „Wenn die vierte Kerze brennt, dann ist Weihnachten!"

Bald ist der erste Adventssonntag. Anna darf die erste Kerze anzünden.
Das erste LED-Teelicht auspacken, anschalten und in die Mitte stellen.
Am Nachmittag backt Anna mit Oma Plätzchen, lecker!

Dann kommt der zweite Adventssonntag. Anna zündet die zweite Kerze an.
Das zweite LED-Teelicht auspacken, anschalten und in die Mitte stellen.
Schon zum Frühstück singt Anna mit ihrer Familie Weihnachtslieder, das macht Spaß!

Am dritten Adventssonntag darf Anna die dritte Kerze anzünden.
Das dritte LED-Teelicht auspacken, anschalten und in die Mitte stellen.
Als Anna aus dem Fenster schaut, schneit es, juchhu!

Und endlich, endlich – am vierten Adventssonntag zündet Anna die vierte Kerze an.
Das vierte LED-Teelicht auspacken, anschalten und in die Mitte stellen.

Jetzt brennen alle vier Kerzen. Als es draußen dunkel wird, hört Anna plötzlich ein Glöckchen klingeln. Das muss das Christkind sein – endlich ist Weihnachten!
Das Glöckchen auspacken und alle Kinder einmal damit klingeln lassen.

Und so geht's:
Füllen Sie die Materialien in ein Stoffsäckchen. Während Sie die Geschichte erzählen, holen die Kinder nach und nach die Materialien aus dem Säckchen. Zum Abschluss dürfen sie reihum das Glöckchen erklingen lassen.

Idee: Verena Hafner

Heute kommt der Nikolaus

Mitmachlied

Alter: ab 1,5 Jahren
Dauer: 5 Minuten

Material
1 Paar Klangstäbe (für jedes Kind)

Stelle deine Stiefel raus,
heute kommt der Nikolaus.
Die Klangstäbe rhythmisch spielen.

Steckt dir Äpfel in den Schuh,
Mandarinen noch dazu.
Die Klangstäbe rhythmisch spielen.

Kommt ganz leise in der Nacht,
hat sicher auch an dich gedacht.
Die Klangstäbe rhythmisch spielen.

Zum Abschluss, gesprochen:
Lieber, guter Nikolaus,
wir geben dir einen Applaus!
Die Klangstäbe möglichst schnell anschlagen.

Melodie: Funkel, funkel, kleiner Stern

Und so geht's:
Während Sie das Gedicht sprechen, dürfen die Kinder ihre Klangstäbe dazu spielen. Indem Sie ebenfalls Klangstäbe im Sprechrhythmus anschlagen, geben Sie den Kindern den Rhythmus vor. Zum Schluss „applaudieren" alle mit den Klangstäben, indem sie sie möglichst schnell spielen.

Idee: Verena Hafner

Fröhlicher Flöckchentanz

Klang-Stopp-Spiel

Alter: ab 1,5 Jahren
Dauer: 10 Minuten

Material
1 weißes Chiffontuch (für jedes Kind),
1 Klangschale

Dreh dich, Schneeflöckchen

Jedes Kind bekommt ein weißes Chiffontuch, um ein Schneeflöckchen zu spielen. Alle Schneeflöckchen dürfen sich nun mit ihren Tüchern frei durch den Raum bewegen – sausen, hüpfen, tanzen! Auf ein akustisches Signal hin, z. B. den Ton der Klangschale, müssen alle in der Bewegung innehalten. Sobald Sie die Klangschale ein zweites Mal anschlagen, dürfen die Kinder sich wieder weiter durch den Raum bewegen.

Variante mit Musik

Aus dem Klang-Stopp-Spiel können Sie auch ein Musik-Stopp-Spiel machen, indem Sie ein winterliches Lied, z. B. „Schneeflöckchen, Weißröckchen", dazu abspielen. Solange das Lied läuft, dürfen sich die Kinder frei bewegen. Immer, wenn Sie die Musik stoppen, sollen auch die Kinder zur Ruhe kommen.

Variante mit Kommandos

Um mehr Variation in das Spiel zu bringen, geben Sie den Kindern konkrete Bewegungsaufgaben. So könnten die Schneeflöckchen beispielsweise langsam schweben, schnell wirbeln oder vom Wind hin- und hergepustet werden.

Idee: Verena Hafner

Wir erkunden den Winter!

Aktionstablett

Alter: ab 1 Jahr
Dauer: 5 Minuten

Material

1 Tablett, winterliche Materialien (z. B. weiße Watte, weiße Duschschwämme, weiße Pompons, Sterne aus Moosgummi), kleine Instrumente (z. B. Rasseln, Rasseleier, Glöckchen)

Unsere Winterlandschaft

Stellen Sie den Kindern ein winterlich dekoriertes Tablett zur Verfügung, das sie eigenständig erkunden können. Zur winterlichen Deko könnten beispielsweise weiße Watte, weiße Duschschwämme, weiße Pompons oder auch Sterne aus Moosgummi beitragen – all diese Materialien eignen sich, um sinnlich entdeckt zu werden. In dieser winterlichen Landschaft verstecken Sie dann einige kleine Instrumente, die die Kinder finden und klanglich ausprobieren können. Wie wäre es mit kleinen Rasseln, Rasseleiern oder Glöckchen? Verwenden Sie jedoch insgesamt nicht zu viele verschiedene Materialien – bei den Jüngsten ist weniger oft mehr!

TIPP

Sehr beliebt bei den Kindern sind schöne oder lustige Figuren. Vielleicht lassen Sie noch einen Engel oder einen Weihnachtswichtel über die Winterlandschaft wachen?

Idee: Verena Hafner

Das Jahr geht bald zu Ende

Mitmachgedicht

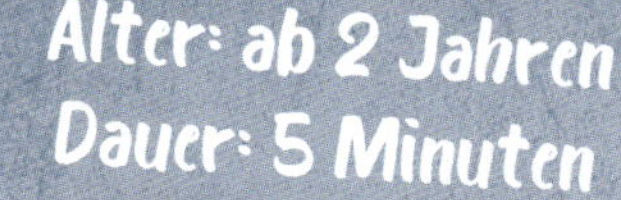

Wir klatschen in die Hände,
das Jahr geht bald zu Ende.
In die Hände klatschen.

Wir tippen mit den Zeh'n,
das Jahr war wunderschön.
Mit den Zehen auf den Boden tippen.

Wir stampfen mit den Füßen,
woll'n das neue Jahr begrüßen.
Mit den Füßen stampfen.

TIPP
Nehmen Sie das Gedicht zum Anlass, um mit den Kindern das alte Jahr zu reflektieren, beispielsweise anhand von Fotos, und um besondere Ereignisse im neuen Jahr anzukündigen.

Idee: Verena Hafner

In dieser Reihe sind bereits erschienen:

Fingerspiele
ISBN: 978-3-96046-084-8

Streichelspiele & Massage-geschichten
ISBN: 978-3-96046-086-2

Mitmachgeschichten & Mitmachgedichte
ISBN: 978-3-96046-116-6

Spiellieder & Klang-geschichten
ISBN: 978-3-96046-117-3

Kreativ mit allen Sinnen
ISBN: 978-3-96046-152-4

Morgenkreis
ISBN: 978-3-96046-169-2

Natur erleben
ISBN: 978-3-96046-181-4

Lieder zum Mitmachen
ISBN: 978-3-96046-206-4

Unsere Lieblingsrezepte
ISBN: 978-3-96046-221-7

Klanggeschichten
ISBN: 978-3-96046-237-8